新装版

絵本 遠野物語

勝又 進

高文研

遠野郷
早池峰山
1914
岳
川井村
早池峰神社
薬師岳
1644
早池峰神社
小国村
大迫町
大出
失水峠
附馬牛
立丸峠
金沢村
白見山
1173
猿ヶ石川
土渕
馬越峠
琴畑川
石上山
1038
松崎
小鳥瀬川
和野
界木峠
和山峠
小峠
綾織
高清水山
798
山口
宮守村
河内川
六角牛山
笛吹峠
栗橋村
至花巻
遠野市
青笹
1294
大峰山
猿ヶ石川
物見山
917
1148
小友峠
早瀬川
上郷
仙人峠
小友
五輪峠
蕨峠
赤羽根峠
至釜石

❖——もくじ

おしらさま

遠野には、かやぶきの曲がり家があちこちに残っている。朽ちかけた屋根には雑草が茂り、赤いオニユリが咲いていたり、松の木が枝をはっていたりする。

厩《うまや》は土間《どま》を隔《へだ》てて台所に面しており、いろりからはいつも馬が見えた。土間には馬の飼料を煮る大釜があり、冬場はいろりやかまどの火で馬を温め育てていた。

ひと時代前までは、馬も人間もひとつ屋根の下で親しく暮らしていたのだ。

昔、あるところに貧しい百姓が住んでいた。

妻はなく、美しい娘との二人暮らしであった。百姓は一頭の馬を飼っていた。

娘はこの馬を愛して、夜になれば厩に行って寝ていたが、ついに馬と夫婦になってしまった。

父親はある夜、このことを知り、翌日、娘の知らぬうちに馬を連れ出して、桑の木につり下げ、殺してしまった。

夜になり、娘は厩に馬の姿が見えぬので父親にたずね、事の次第を知った。娘は驚き、悲しんで、桑の木の下へ走り、死んだ馬の首にすがって泣きくずれた。

父親はこれをにくんで斧《おの》を振り上げ、背後から馬の首を切り落としたところ、たちまち娘は馬の首に乗ったまま、天空はるかに昇り去っていった。

オシラサマというのは、このとき、こうして生まれた神さまである。　（遠野物語六九）

旧家のうす暗い奥座敷には、オシラサマが祀《まつ》られている。三十センチくらいの桑の木の頭に馬や娘の顔などを刻んだもので、花柄の美しい布を着せられている。

正月十六日のオシラサマの縁日には、ミズキの枝にもち花を咲かせて飾り、果物やお酒を供えて、オシラ遊びという祭りが行なわれる。近所の婆さまたちや子どもらも集まり、それぞれの祈りをこめてオシラサマに新しい着物を着せたり、白粉《おしろい》で化粧をしてやったりする。

この日には毎年一枚ずつ新しい布を着せるのが習わしなので、どのオシラサマも雪だるまのように着ぶくれている。

布をめくっていくと、過去にさかのぼるごとに布は変色し、いちばん底の方はボロくずとなって、マダの皮の繊維などが残っている。

マダは山地に自生《じせい》する落葉高木《らくようこうぼく》で、昔はこの木の皮をはいで水につけ、細く裂いて糸に

より、縄をなったり布を織ったりしたという。

オシラサマは養蚕《ようさん》の神様だという由来談は、土地によって少しずつ異なるが、馬と娘の物語はおよそ次のように続いている。

娘を失った父親は毎日泣き暮らしていたが、ある夜、父親の夢枕に娘が現われ、「春、三月の十六日の朝、夜明けに庭の臼《うす》の中を見てください。臼の中には馬の頭をした不思議な虫が湧《わ》いているでしょう。その虫を桑の葉で飼うと、その虫が絹糸をこしらえますから、お父《とう》はそれを売って暮らしてください」と伝えた。

やがてその日になって臼の中を見ると、はたして馬の頭をした虫が湧いていた。父親はこの虫を娘の生まれかわりと思い、桑の葉を採ってきて大事に育てるうちに、やがて繭《まゆ》をかけた。これが養蚕の始まりであるという。

それ以来、桑の木に馬と娘の顔を刻んだご神体を、オシラサマとして祀るようになったのだという。

遠野盆地の冬は厳しく、家々は深い雪におおわれる。人々は暗い家に閉じこめられ、繭の中のサナギのように炉《ろ》ばたのまわりにうずくまる。そうして長い冬を耐え、春の訪れを待つのだ。サナギから脱皮したカイコ蛾《が》は、長いあいだ人間に飼われていたので飛ぶことができない。

でも、ずうっと昔、蚕《かいこ》が野生だった頃には、この娘と馬のように、いくえもの絹の帳《とばり》を破り、美しい蛾となって夜空に飛び去っていったに違いない。

オシラサマ

おいぬ（狼）

遠野は古くから、大槌《おおつち》、釜石《かまいし》などの海岸部と、花巻《はなまき》、盛岡などの内陸部とを結ぶ中継交易地として栄えた。五輪峠《ごりん》や小峠《ことうげ》からは内陸の米や雑貨が、境木峠《さかいぎ》や笛吹峠《ふえふき》からは浜の魚や塩が運び込まれ、市で取り引きされていた。

田舎なれども遠野の里は、市日《いちび》市日に馬三千といわれ、この賑《にぎ》わいは岩手軽便《けいびん》鉄道が開通する大正の初めまで続いていた。

荷物はカマスや俵に入れて馬の両腹に下げて運び、これを一駄といった。一駄あたりいくらと計算して運賃をもらっていたので、馬による荷物の運搬を駄賃づけといった。

土淵《つちぶち》から境木峠を越え、浜の大槌へぬける街道は、かつては駄賃づけの馬で賑わっていた。

和野《わの》川に沿った細い道を一本の綱でつながれた馬が、シャランシャランと鳴輪《なるわ》を鳴らして登っていったのだ。街道すじの樹木の幹には太い蔦《つた》や藤づるがヘビのようにからみつき、木の間ごしに深い渓谷《けいこく》が口をあけている。

菊池弥之助という老人は、若い頃駄賃づけを仕事としていた。笛の名人で、夜通し馬を追っていくときはよく笛を吹きながら行ったものだった。ある薄月夜《うすづきよ》のこと、たくさんの仲間と共に浜へ越える境木峠に向かっていた。いつものように笛を吹きながら、大谷地《おおやち》という所の上を通った。大谷地は、深い谷で、白樺《しらかば》の林が密生し、その下は葦《あし》などが生えた湿った沢になっている。この時、谷の底から、何者かが高い声で、面白いぞう、と呼んだ。いあわせた者は、みな肝《きも》をつぶして逃げ走ったという。（遠野物語九）

「面白い」という言葉は、柳田国男によれば、人の顔が一つの光に向かっていっせいに照らされる形を意味したらしいという。（野鳥雑記）

夜のしじまを破って、谷底から、オモシロイゾーという怪声が放たれた瞬間、月の光で青白く照らされた顔、顔、顔、顔が、まるで稲妻を浴びたように、いっせいに谷底を向いたに違いない。

境木峠からは、大槌へ下る山々の向こうに太平洋が望まれ、夜には遠く漁火《いさりび》が見えたという。さらに赤柴川沿いに下り、和山《わやま》峠を越えて海岸の大槌にたどりつくまでには、遠野から十四、五時間を要したという。ここで米や炭を下ろし、翌日は海産物を積んで、また遠野へ向かう。朝に水揚げされた魚を、塩や干魚といっしょに荷にまとめ、駄賃づけの列が大槌を発《た》つのは、たいてい日が西に傾いてからであった。小鎚《おづち》川に沿って街道を上り、札場、初神の村を通って和山峠にさしかかる頃には、日はとっぷりと暮れている。闇の中に、ガサガサと落葉をふんで、生魚の臭いを嗅ぎつけたけものたちが、どこからともなく集まってくる。

境木峠と和山峠の間で、昔は駄賃馬を追う者たちが、しばしば狼に出くわした。馬方《うまかた》たちは、夜道を行くときにはたいてい十人ほどの群れをつくって行った。馬方一人が引く馬は一端綱《ひとはづな》といって、ふつう五頭から七頭までの馬を一本の綱につないでいるので、つねに四、五十頭の馬の数であった。あるとき二、三百ばかりの狼が襲ってきて、その足音で山もどよむばかりであった。あまりの恐ろしさに、馬も人もひと所に集まって、そのめぐりに火を焚《た》いて身を守ろうとした。けれども、狼はその火を躍り越えて入ってくる。そこで、馬の綱を解いてこれをまわりに張りめぐらしたところ、狼はおとし穴だと思ったのか、それからは中に飛び込んでこなくなった。狼たちは遠くから取り囲んで、夜の明けるまで吠えていたという。

（遠野物語三七）

この地方では、狼はおいぬと呼ばれ、恐れられていた。季節ごとに変わるといわれる前足や背中の迷彩のため、狼は草の長さ三寸あれば身をかくすとか、茅《かや》三本あれば身をかくすとか言われている。おいぬは原始の森林や草原に溶け込み、人や馬の動向をうかがっていたのだ。

それが明治の初め頃、死助《しすけ》権現《ごんげん》の峰から何百という狼が走って来て、境木峠を渡って北方へ去るのを目撃されて以来、遠野には狼が少なくなったのだといわれている。

日本の狼が滅びた原因の一つに、江戸中期から発生しはじめた、ウイルスによる狂犬病があるといわれている。

馬ッコつなぎ
（神はこの馬に乗って出雲へ
行くという）

雪女

遠野盆地を見おろす早池峰《はやちね》、六角牛《ろっこうし》、石神山《いしがみ》の女神たちが雪化粧をはじめると、やがて長い冬がやってくる。

正月十五日、小正月の頃には毎日雪が降り続き、野山は深い雪におおわれる。

カラス来《こ》う

あずきもちくれるから　来《こ》う　こ

村のあちこちで、餅《もち》を手にかざした子どもたちが、歌うようにカラスを呼ぶ。

かつてはモチを入れたわら苞《づと》を野山の木の枝に結びつけ、乏しい収穫の中から狼や狐にまでごちそうのおすそ分けをしたという。

海抜二百六十メートルの遠野は、過去いくたびもの冷害に見舞われ、小正月には豊作を願ういろいろな行事が行なわれる。

ミズキの枝にアワやヒエ、まゆ玉などを団子で作って飾りつけ、畑の豊作を祈願したり、柿やリンゴなどの実がたくさんなるように成木責《なるきぜ》めというのを行なったりする。

二人一組になって、一本一本、果実のなる木を回り、
成るか　成らないか　成らないなら切るぞ
といった意味のことを一人が唱えながら、声の調子に合わせて斧《おの》で木の幹をトントン切りつければ、他の一人が木の精になりかわり、
成ります　成ります
と言って今年の豊作を約束するのだ。
日が暮れると、小雪がちらつく中で稲の豊作を願うお田植えが始まる。青い松葉を苗に見たて、手を真っ赤にして、雪の上に植えつけていくのだ。
やがて空に満月がかかり、軒下《のきした》のつららが牙《きば》をとぎはじめる。

小正月の夜、または小正月でなくても冬の満月の夜は、雪女が出てきて遊ぶという。子どもを大勢ひき連れてくるといわれている。
冬の日、里の子どもらは近くの丘に行き、そり遊びをする。遊びに夢中になっているうちに、夜になることがあるが、十五日の夜にかぎり雪女が出るから早く帰れと、つね日頃からいましめられている。
けれども雪女を見たという者は少ない。

（遠野物語一〇三）

愛媛県のある地方では雪女のことを「ゆきんば」といい、鹿児島では「ゆきばじょ」と呼ぶそうで、暖かい地方に行くにつれて雪女も老け込んでいくらしい。雪女は、雪の結晶のように、寒くなるにつれ美しく成長していくのだろう。

白いちめんの雪の中を一人で漕ぎ渡っていると、方向感覚や距離感がなくなり、宙に浮いたような心もとない気分になってくる。

雪女に出くわすのは、たぶんこんな時だろう。

これは山歩きの好きな友人から聞いた話だけれども、いつのことだったか旅の男が吹雪《ふぶき》の北上《きたかみ》山中で道に迷ったそうな。

やがて吹雪の中に小さな祠《ほこら》を見つけたが、そこには白い花嫁衣装を着た若い娘と老婆が待ちうけていた。旅人は老婆の許しを得て、共に一夜をすごすことになった。

吹雪の山中に取り残された心細さもあってか、その夜、若い二人は一夜かぎりの契《ちぎ》りを結んだ。夜が明けて旅の男は山を下りたが、美しい娘のことが忘れられず、再び雪道を漕《こ》いで引き返した。しかし娘と老婆はもちろん、昨夜泊まった祠も跡かたもなく消え去っていたという。

なんとなく雪女を連想させるが、じつは落人《おちうど》村の娘が旅人の子種をもらうという話らしい。落人村のような閉鎖社会では、近縁の者どうしの結婚が続くため、一族の血が病み衰えてくる。そこで時どき若い娘を派遣して、外界の男から子種をもらう必要があったという。

遠野の冬の寒さは、小正月の頃がもっとも厳しいという。

東の空が白んでくると、雪女はシャラシャラと氷の衣《きぬ》ずれの音をたてていずこへともなく去っていく。

やがて早起きの雪ん子たちの鳥追い唄が、村のあちこちから聞こえてくるのだ。

夜ん鳥ほい　朝鳥ほい
よなかのよい時や　鳥こもないじゃ
ほーい　ほい

鳥追い

河童《かっぱ》

大昔、遠野郷《ごう》は一円に広い湖であったという。その水が猿ヶ石《さるがいし》川となって流れ落ち、やがて今の遠野盆地が姿を現わしたのだという。五月になると、遠野の中心を流れる猿ヶ石川から、盆地の隅々まで開かれた水田に水が引かれる。

その頃、海抜八百メートルの高清水《たかしみず》山から遠野盆地を望むと、一面の湖水の中に八幡《はちまん》山が島となって浮かび、岬や入り江が現われてくる。遠野は今も湖のけはいを残している。

川には河童が多く棲《す》んでいた。遠野の川でも、とりわけ猿ヶ石川に多かった。

松崎村のある川っぷちの豪家で、母娘二代まで続けて河童の子をはらんだ者があった。この家では娘に婿《むこ》をとっていたが、男の実家は新張《にいばり》村の、これも川端《かわばた》の家だった。

ある日のこと、家族みなで畑仕事に出かけた。夕方になり帰ろうとすると、娘ひとり川の淵にうずくまって、にこにこ笑っている。

同じことが、次の日には昼の休みにあった。

そんなことが続くうちに、やがて村の誰それがその娘のところへ夜ごと通ってくるという噂《うわさ》が立つようになった。

はじめは婿が浜の方へ駄賃づけに出かけた留守をうかがって忍んで来ていたが、ついには婿のいる夜もやってくるようになった。

河童に違いない、という噂が高まっていった。一族の者が集まって娘を守ろうとしたが、手の打ちようがなかった。婿の母親もやって来て娘のそばに床をとったが、深夜、闇の中で娘の笑う声を聞き、さては来ているな、と知りつつも、身動きすることもできなかった。毎夜詰めている人々も、ただ手をこまぬいているばかりであった。

そのうち娘は身ごもり、月みちて出産のときを迎えた。ひどい難産であった。

ある人が、飼葉桶《かいばおけ》に水をたたえてその中で産めばよいというので、試してみると、はたしてその通りであった。

しかし生まれ落ちたその子の手には、水掻《か》きがあり、姿はとても醜いものであった。

人々はただちにこれを切り刻んで、一升樽《いっしょうだる》に入れ、土中深く埋めたという。

この娘の母親もかつて河童の子を産んだことがあり、どうも二代や三代の因縁ではなかろうという噂であった。

（遠野物語五五）

同じ猿ヶ石川の下流に太郎河童の住む太郎淵がある。松崎村から下った流れは、ここでかすかな瀬音をたてて大きく蛇行し、大小のうずができている。水辺には熊笹《くまざさ》や茅《かや》が生《お》い茂《しげ》り、今でも河童が出そうな雰囲気である。ここの河童は、洗濯など水仕事にきている村の女たちをのぞいては、いつもちょっかいを出していたという。

松崎町宮代《みやしろ》の道端《みちばた》に飢饉《ききん》の碑が建っている（七一ページ参照）。これは一七五五（宝暦五）年の大凶作で餓死した人々の供養《くよう》塔で、この時は遠野領内の人口一万九千人のうち、実に一割が失われたという。

凶作の年には間引きが行なわれ、河童の子どもが生まれたから殺した、ということもあったのだろう。

遠野の河童は体が赤く、顔は猫のようで口が大きいという。背丈は幼児くらいで、皮膚にぬめりがあり、手には水掻きがあり、なにやら両棲類《りようせいるい》や爬虫類《はちゆうるい》の姿を思い起こさせる。人間の赤ん坊が母親の胎内で生長するとき、羊水《ようすい》の湖の中で、原生動物から始まり、魚類から両棲類、爬虫類となって水から這《は》い上がり、やがて哺乳類《ほにゆうるい》となるまでを急いで通過するものらしい。この人恋いしそうな河童は、もしかしたらこの進化の途中で闇《やみ》に葬り去られた迷子《まいご》なのかもしれない。

常堅寺《じようがんじ》の裏にある足洗川《あしあらいがわ》の河童淵に、カッパ神を祀《まつ》った小さな祠《ほこら》がある。ここには、紅白の布でつくったさまざまな乳房がダンボールに積み上げられている。大きめのお手玉の一方の端を絞って乳首としたもので、産婦が乳の出がよくなるようにと祈願したものだ。

遠野には胡桃《くるみ》の木が多く、この河童淵にも一本、枝を広げている。枝の先々から放射状に伸びた葉は、オカッパ頭のようだ。その下に小さな河童の顔をした実がびっしりぶら下がり、思い思いの表情で淵を見下ろしている。

足洗川の常堅寺・河童淵の祠

ヨバヒト

帯がひとりでに解けたら、その晩に想う人がくる。また褌《ふんどし》や腰巻《こしまき》が自然にはずれても、大変よいことがあるといわれており、そのほか眉毛《まゆげ》がかゆいと女に出逢うということもある。

（遠野物語拾遺二五四）

早春、神社の森の上空にどこからともなくカラスが群れ集《つど》い、舞い踊り、鳴き交わしながら求愛の儀式をはじめる。貞任山《さだとうやま》では、水芭蕉《みずばしょう》が雪どけ水の中に、エンツコ（八九ページ参照）に入った赤子のような顔を出す。屋根の上では猫がうら声で物狂《ものぐる》おしそうに呼び合い、村の若い衆は妙に落ち着きをなくしてフラリと外に飛び出してしまう。

土淵《つちぶち》村山口の田尻家といえば近在きっての金持ちであるが、この家に長蔵という奉公人がおり、妻と共に仕《つか》えていた。

長蔵がまだ若かった頃の話である。ある日、夜遊びに出て、まだ夜もそう更《ふ》けてない時分に帰ってきた。家の横手から回り縁に沿って前庭に出ると、洞前《ほらまえ》に誰やら人影があった。東北の曲がり家では、勝手口の前あたりを洞前と呼んでいるが、長蔵の部屋はこの戸口から出入りするようになっている。

さて、その人影はふところ手をして筒袖《つつそで》の袖口をたれていたが、夜なので顔はぼんやりしてよく見えない。妻のおつねのところへ来た夜這人《よばひと》ではないかと思い、長蔵はつかつかと歩み寄った。ところが男は、裏の方に逃げるどころか、かえって母屋《おもや》の玄関の方に近寄ってくるではないか。人を馬鹿にするなと腹立たしくなり、なおも進むと、男はふところ手のまま後ずさりして、玄関の戸の三寸（九センチ）ばかり開いたところから、すっと中に入ってしまった。

それでもまだ長蔵は不思議とも思わず、その戸の隙間に手を差し入れて中をさぐろうとしたが、中の障子はちゃんと閉じてあった。

ここに及んで急に恐ろしくなり、ジリッと後に下がりざま上を見ると、今の男は玄関の真上の雲壁にひたと取りついて自分を見下ろしていた。その首は低くたれて、今にも自分の頭に触れんばかりで、その眼の球《たま》ときたら一尺（三十センチ）あまりも飛び出しているように思われたという。

この時はただ恐ろしかっただけで、何事の前兆でもなかったとのことだが。

（遠野物語七九）

雲壁というのは引き戸をたてる鴨居《かもい》から上の部分の壁で、ふつうは採光や風通しのために格子などがはめ込んである。

ランプや月明かりにたよって暮らしていた時代には、このような不思議が深い闇《やみ》のいたるところに潜《ひそ》んでいた。遠野地方に電気が灯《とも》る昭和の初め頃までは、このような闇の中で夜這いもさかんに行なわれていたようだ。平安時代の昔、夜ごとに女御《にょうご》、更衣《こうい》のもとにしのんでいった光源氏のように、村の男たちは土淵の夕顔や附馬牛《つくもうし》の末摘花《すえつむはな》に通っていったものらしい。見習いの褌もちを従え、時には火縄銃で武装して熊や狼の出る山を越え、遠くの村まで出張することもあったそうだ。（生出泰一『遠野よばい物語』）

家人に見つかって袋だたきにあったり、親父どのに肥溜《こえだ》めの糞尿《ふんにょう》をぶっかけられたり、あるいはそのまま婿になって住みついたりもしたという。

遠野には、おおらかな性にまつわる昔話も多い。

むかし、頭の少し足りない男がおったト。嫁さんをもらってやったが、初夜に何をやったらいいかわからネ。しびれを切らした花嫁は、足で花婿《むこ》の足をチョンとつっついてみたト。ところが婿殿はヒョイとよける。も一度チョンとつっつく。またヒョイと逃げる。花嫁はふうとため息をついて、三度目、もう一度ソロリと足を出すと、ガバッとはね起きた花婿は、タンスの上によじ登って言ったト。「やーいやーい、ここまでは届かねべ」――といったあんばいである。

雀《すずめ》のつがいは春風の中をまりのようにからみあって落ち、馬はたてがみを噛《か》んで交尾する。

鳥やけものや人間の性的行為におけるさまざまなしぐさは、住んでいる社会を表現するパントマイムのようだ。人々がひたすら生きる糧《かて》を得ることだけに追われていた時代、男と女のいとなみは大海を無心に泳ぐイルカのようにのびやかなものであったに違いない。

山崎の金精様《こんせさま》
（農作物の豊作や子宝を祈願する）

霧の中

下閉伊《しもへい》郡の船越《ふなこし》村など三陸沿岸の村々は、過去いく度もの津波に襲われている。大波が峠を越えて船を運んできたので、船越の名がついたのだという。

明治二十九年六月十五日午後七時三十二分強震。同八時七分大激震あり、以後八回の高波押し寄す。最高潮位二十四・四メートル（気仙郡吉浜湾）、流失、全壊家屋九千三百あまり、三陸地方の死者は一万八千百五十八人……。（金野静一『気仙風土記』）

土淵《つちぶち》村から海岸の田の浜へ婿《むこ》養子に行った人があった。旧姓を北川福二といい、兄は土淵村の助役をしている。この人は、先頃の大津波にあい、妻と子を家財もろとも失ってしまった。幸い、子どものうち二人だけは助かったので、その子らと元の屋敷跡に小屋を掛けて暮らしていた。

一年ばかりたった夏の初め、便所に行こうと外に出ると、その晩は月夜であった。田舎《いなか》の便所は母屋《おもや》から遠く離れた所にあり、波打ちぎわを歩いていく。霧の深い夜であった。

その霧の中から、男と女の二人連れがこちらへ歩いてくる。見ると、女はまさしく、津波で死んだ自分の妻であった。思わずそっと二人のあとをつけ、はるばると船越村へ行く岬の洞窟のあるあたりまで追っていったが、ついにたまりかねて妻の名を呼ぶと、女は振り返ってにこ、と笑った。男はと見れば、これも同じ田の浜の者で、やはり津波で死んだ者であった。自分が婿に入る以前に妻とは恋仲にあったと、噂されていた男であった。

女は、今はこの人と夫婦になっているのだという。残した子どもは可愛くはないのかというと、女は少し顔色を変えて泣いた。

死んだ人間とこんな話を、と思うと、悲しく情なく、ただ足もとを見つめているうちに、男と女は再び足早に立ち去り、小浦《おうら》へ行く道の山陰にかくれて見えなくなってしまった。われにかえり追いかけてみたが、ふと死んだ者であったと気がつき、夜明けまで道のまん中に立ちつくしていた。朝になって帰ってきたが、その後長く病いをわずらっていたという。

（遠野物語九九）

二人の魂は骸《なきがら》を海に残し、今はあの世で暮らしているらしい。霧の向こうにはどんな世界があるのだろうか。遠野物語には、あの世をのぞいてきた話が多い。

土淵村飯豊《いいで》の菊池松之丞《まつのじょう》という人が傷寒《しょうかん》という病いで危篤《きとく》状態にあったおり、魂は自分の菩提《ぼだい》寺へと向かっていた。寺の門には人が群がっている。なぜだろうと怪しみつつ門を入ると、そこはいちめんに紅いけしの花が咲き満ちている。花の中に亡くなった父親が立っており、お前も来たのかという。そこには、以前失った男の子もいて、トッチャお前も来たかという。お前はここにいたのかと言いつつ近よろうとすると、今来てはいけないという。このとき門のあたりで騒がしく自分の名を呼ぶ者があり、いやいや引き返したところで正気に戻ったということであった。

（遠野物語九七）

またある人の妻が初産《ういざん》のとき、非常な難産でついにこと切れてしまった。そのとき本人はたいへん心持ちがさっぱりして、どこかへ急ぎ行かねばならないような気がしたという。知らない道をどんどん行くと、広い明るい座敷の中にいた。早く次の間に通ろうと襖《ふすま》をあけにかかると、部屋の中には数え切れぬほどの幼児が自分を取り巻いていて、行く手をふさいで通さない。しかし、後に戻ろうとすると、その子らはさっと両側に分かれて路をあけてくれる。こんなことをいく度かくり返しているうちに、誰かが遠くから呼んでいるので、いやいや後戻りした。気がつくと、自分は近所の人に抱きかかえられており、皆は大騒ぎの最中であったという。

（遠野物語拾遺一五九）

遠い昔、人は海で生まれ、そこで育《はぐ》くまれていた。人間の体液の組成《そせい》は、海水のそれと似ているという。人間は、魂の袋に海を抱えて地上に這い上がってきたのだ。たび重なる凶作や津波、重く苦しい人生から解放された魂のゆくえは、このように花咲き乱れる心地よい所であった。骸《なきがら》はいずれは溶けて流れてまた海に帰っていく。人は生死の境にあるとき、魚が海面から顔を出すようにして、しばしば他界を垣間《かいま》みるものらしい。

春風まつりの人形
（疫病が村に近づかないように、
厄除けのワラ人形を道端に置く）

郭公《かっこう》と時鳥《ほととぎす》

梅雨あけの薬師《やくし》岳の森の中でホーホケキョとしきりにウグイスがさえずっている。コマドリやオオルリもいるらしい。どこかで、コロロロロとくぐもった河鹿《かじか》のような声がする。枯れた樹幹《じゅかん》をたたくキツツキの音だ。

このあたりにはホトトギスもいるのだろうか。ホトトギスは麦が熟《う》れる頃、南方から渡ってきてすぐ産卵に入るが、自分では巣を作らず、おもにウグイスの巣に卵を産みつける。ウグイスがいない留守に巣にしのび込み、チョコレート色のウグイスの卵を一個つまみ出し、そこに同じ色のやや大きい自分の卵を産みつけるのだ。

ホトトギスの卵はひと足先にふ化するが、生まれたばかりのひなは、ウグイスの卵を全部巣の外に押し出してしまう。たまにウグイスのひながかえっていても、たちまち巣の外に突き落とす。こうしてホトトギスのひなは、エサを独占してまたたく間に成長し、半月もたつと巣からはみ出すほど大きくなる。

胸には鷹斑《たかはん》と呼ばれる横縞《よこじま》が出て、どう見ても自分とは似ていないのに、ウグイスの親はこのけもののような子どもに、休みなしにエサを運んでくる。口うつしにエサをやるとき、ウグイスの頭がホトトギスのひなの真っ赤な口の中にすっぽりと入ってしまう。ホトトギスのひなは、やがて巣立ち、秋風のたつ頃になると、この小さな親を捨てて南の国に旅立っていく。

遠いむかし、カッコウとホトトギスは、人間の姉妹であった。カッコウは姉であったが、ある日、山から芋を掘ってきて焼いた。そしてまわりの焦げて堅くなったところを自分が食べ、中のやわらかいところを妹に与えた。

ところが妹は、こんなにおいしい芋だもの、姉の食べているところの方がもっとおいしいに違いないと思い、庖丁《ほうちょう》をとって姉を刺した。

とたんに姉は、鳥になり、「ガンコ、ガンコ」と鳴いて飛び去った。「ガンコ」とは、この地方の言葉で「堅いところ」ということである。

それを聞いた妹は、さては姉はおいしいところだけを自分にくれたのだと悟り、悔恨にたえず、やがてまたこれも鳥になり、「庖丁《ほうちょう》かけた」と鳴いたという。そこで遠野では、ホトトギスのことを「庖丁かけ」と呼んでいる。

（遠野物語五三）

カッコウはハトくらいの大きさで、ホトトギスよりかなり大きいが、胸腹部の縞《しま》模様や

尾の斑点《はんてん》、目の虹彩《こうさい》が黄色いところなど、ホトトギスと姿はそっくりである。ホトトギスが、ホチョッカケタカ、とのどを絞《しぼ》った切羽《せっぱ》つまった声で鳴くのに対して、カッコウの鳴き声はいかにも長女といった感じで、おおどかでどこか淋《さび》しげである。

しかしカッコウも、ホトトギスと同じく託卵《たくらん》という因果《いんが》な習性をもつ。カッコウは、アカモズやホオジロに卵をあずけ、ひなは先祖代々受けつがれた本能の命じるまま、仮親の卵を殺して育っていく。この話の姉妹に親がなく、二人暮らしらしいのには、こんな事情があったのだろう。カッコウもホトトギスも、他の小鳥たちが寝しずまった夜ふけにも、まるでくりごとのようにいつまでも鳴き交わしている。

早池峰山《はやちね》の中腹あたりで、カッコウに似た大柄な鳥を見かける。暗かっ色の地に胸腹から背にかけてたくさんの白い斑点がちらばり、嘴《くちばし》の先がやや曲がって憎さげな面がまえだ。どうやらこの山に住むというホシガラスらしい。

胸をつく急斜面を、一歩一歩、高みへ登っていく作業は、どこか宗教的な儀式に通じるものがある。かつてこの山は、早池峰詣《もう》での人たちで賑《にぎ》わったという。

両腕に汗がふき出し、梅雨あけの日ざしを浴びて、体毛に白い塩の結晶が付着する。人間の体毛は、かつて海にいたときはウロコであり、ゆく末は羽毛になるはずだったのではないか。

一歩一歩登りつめるこの山の果ては、カッコウやホトトギスの舞う大空だ。早池峰の頂《いただき》から薬師岳の肩ごしに遠野を望むと、積雲のたゆたう下に白望《しろみ》山や六角牛《ろっこうし》山が青くかすみ、遠野盆地は湖の底に眠っているようだ。

民芸品製造元の桶屋さん

ざしきわらし

薬師岳《やくし》のふもと、附馬牛《つくもうし》町大出《おおで》にある早池峰《はやちね》神社の傍《そば》に、木造平屋建てのちんまりした学校がある。遠野市立大出小学校と中学校で、一九八一年現在、生徒数は小中合わせて十七名だと聞いた。校庭にはうまごやしが青々と茂り、トラックに沿って草をむしったらしく、そこだけドーナツ状の地肌《ぢはだ》を見せている。ブランコの隣に小学初級、中級、上級、それと中学生用の鉄棒が、ドレミファソと鉄琴みたいに行儀よく並んでいる。

六月の中旬だというのに、教室にはまだダルマストーブがあり、近く催される小中合同運動会の準備に七、八名の子どもらが放課後の教室に残っていた。赤いほっぺをすり合わせ、何やらクチュクチュ言い合いながら看板描きに熱中しているのだが、昔は町の小学校もこんな雰囲気だったのだろう。

すぐ傍を流れる猿ヶ石川《さるがいし》を下ると松崎町に出るが、ここから支流の小烏瀬川《こがらせ》沿いに少しさかのぼったあたりが土淵町《つちぶち》である。

一九一〇（明治四十三）年の七月頃、土淵村の小学校に一人のザシキワラシが現われ、子どもたちと遊びたわむれたという話が、柳田国男の『妖怪談義』にある。

このザシキワラシの姿は、一年生の小さい子どものほかには見えず、小さい子らが、そこにいる、ここにいると言っても、大人にも年長の子にも見えなかった。ザシキワラシは毎日のように出たので、遠野町内の小学校からも見に行ったが、やはり見たものは一年生ばかりであったという。

附馬牛や土淵にはザシキワラシの話が多いが、ザシキワラシはふだんは曲がり家の暗い奥座敷にいるものだという。

旧家にはザシキワラシという神が住まわれることが少なくない。この神は多くは十二、三歳ばかりの子どもである。ときどき人に姿を見せることがある。

土淵村飯豊《いいで》の今淵勘十郎という人の家では、先ごろ高等女学校にいる娘が休暇で帰ってきていたが、ある日廊下で、はたとザシキワラシに出会い、たいそう驚いたことがあった。これはまさしく男の子であった。

同じ村の山口にある佐々木家では、母親がひとりで縫物《ぬいもの》をしていたところ、隣の部屋で紙のガサガサという音がした。そこは主人の座敷で、その時は東京に行って不在であったから、怪しいと思って板戸をあけてみたが、何の影もなかった。しばらくの間すわっていると、やがてまたしきりに鼻を鳴らす音がした。さてはザシキワラシだな、と思った。この家にもザシキワラシが住んでいるということは、ずいぶん以前からの評判であった。この神が住みつかれた家は、富み栄えること思いのままということであった。

（遠野物語一七）

ザシキワラシは、ザシキボッコあるいは蔵ボッコともいわれ、その家の運勢をにぎる家の神様なのである。そしてまた女の子の姿をしていることもある。

附馬牛村のある家から、あるとき十になるかならぬくらいの女の子が赤い振袖《ふりそで》を着て紅い扇子《せんす》をもち、おどりを踊りながら出ていった。娘はそのまま下窪という家に入っていったという噂がたったが、それからというものザシキワラシに去られた家は没落し、下窪の家は栄えはじめたといわれている。

（遠野物語拾遺九一）

家の人たちが田畑に出払い、誰もいないはずの家の中でトタトタと子どものたわむれ遊ぶ足音がしたり、カラリカラリと糸車をまわす音がしたら、ザシキワラシが住みついているに違いない。

壁土で囲まれた暗い座敷に黒く光る床柱《とこばしら》や天井の梁《はり》、多くの年輪を刻んだ樹木には、精霊が宿っているという。
木目《もくめ》は川の流れのように、あるときは早瀬となって勢いよく流れ、やがて淵となってよどむ。まるでこの家の盛衰《せいすい》を暗示するかのようだ。

大出の早池峰神社

天《てん》狗《ぐ》

深い山奥で小屋を作って泊まっていると、不思議な音を聞くことがあるという。すぐ傍《そば》の森の中で、かきん、かきん、という斧《おの》の音。やがて、わり、わり、わり、と大木の倒れる音がして、そのあおり風が人のいる所にもふわり、と感じられるという。急いでそのあたりに行ってみても、倒れた木など一本もない。これは天狗のしわざといわれ、山で働く者は誰でも一度や二度は経験していることである。

松崎村に天狗森《てんぐもり》という山がある。ある日、その麓《ふもと》の桑畑で一人の村の若者が働いていた。

ところがその日にかぎって、ばかに眠気をもよおす。そこでしばらく畑の畔《くろ》に腰かけて居眠りしようとすると、いきなり目の前に真っ赤な顔をした大男が現われた。

若者は無邪気な性分で、また日頃から相撲《すもう》などが好きであったから、見なれない大男が立ちはだかって上からジロジロ見下ろしているのを生意気に思い、立ち上がるなり、お前はどこから来た！と声荒くたずねた。

しかし大男は何も答えないので、ひとつ突き飛ばしてやろうと、力自慢の若者は飛びかかった。ところが手をかけたとたん、かえって自分の方が突き飛ばされて、気を失ってしまった。

夕方、やっと気がついてまわりを見まわしたが、もちろんその大男はいなかった。

若者は、この不思議な経験を、家に帰ってからまわりの者にも話している。

その年の秋のことであった。

若者は大勢の村人と共に、馬を引いて早池峰《はやちね》の麓《ふもと》に萩《はぎ》刈りに出かけた。

さて仕事が終わって帰ろうという頃になったが、気がつくと若者の姿が見えない。一同が驚いて手分けして探したところ、若者は深い谷の奥で、手も足も一つ一つ抜き取られて死んでいたという。

今から二、三十年前、明治のはじめの頃の話で、この時のことをよく知っている老人が今も生きている。

天狗森には天狗が多くいるということは、昔から知られていることであった。

（遠野物語九〇）

馬の飼料にでもするのだろうか、無心に萩を刈る若者を、天狗は山の頂《いただき》から見下ろし

ていたのだ。真っ赤な顔、するどく輝く眼。天狗の顔は早池峰神楽《かぐら》で見る山の神のお面のようだったかも知れない。

昔、早池峰山は山岳信仰の霊場で、麓の早池峰神社の周辺には山伏《やまぶし》たちが住み、修業に励んでいたという。神楽は早池峰の神への祈りとして、千年もの昔から山伏の子孫によって受けつがれてきたのだ。

早池峰山（千九百十四メートル）は北上《きたかみ》山地の最高峰で、日本列島が誕生したとき、いち早く海中から姿を現わした山だという。

たえず湧き上がる霧の中に、奇妙な形をした巨岩があちこちにうずくまり、霊気をただよわせている。雨風が一億年もの長い歳月、硬い蛇紋岩《じゃもん》を刻《きざ》みつづけ、荒々しい岩肌《いわはだ》にやがて神が宿るようになったのだ。この山の峰々を、木の実や山菜を主食として肉をそぎ落とした山伏たちが、修業に駆けまわっていたのだろう。麓の早池峰神社から神楽の囃子《はやし》が聞こえてくると、岩場にハヤチネウスユキソウやナンブトラノオなどが咲きそろい、岩かげでモウセンゴケが羽虫をとらえていたりする。

大迫町《おおはさま》岳《たけ》集落の夏の例大祭は八月一日で、まわりの畑にはタバコの花が白い筒の先にうす紅《べに》色の火を灯《とも》している。村の入口や参道に立てられた幟《のぼり》のすそに、赤いぬいぐるみの猿が背を丸めてぶら下がり、風が吹くたびに腰につけた鈴をシャランシャラン鳴らしている。

境内《けいだい》では奉納相撲が行なわれ、村人たちの歓声の中でトレーニングパンツの上からまわしをしめた少女が勝ち抜き戦に挑戦していた。

神楽の舞台では、鉦《かね》や太鼓の囃し方は観客に背を向けて坐《すわ》り、舞い手はひたすら神のためにダイナミックな踊りを続ける。

頭に鶏を戴《いただ》いたかぶとをつけ、太刀をかざして舞う荒々しい山の神舞い。鳥かぶとを羽ばたかせ、衣《ころも》をひるがえして躍動する山の神の姿は、北上山中を駆けめぐる天狗の姿を思わせる。

早池峰神社ののぼり

蓮台野《でんでらの》

遠野物語の語り手であり、生みの親ともいえる佐々木喜善の生家は、土淵《つちぶち》町山口部落にある。佐々木家の裏手に山口川が流れる谷があり、その向こうにデンデラ野と呼ばれるなだらかな丘がある。昔は、六十を越えた老人はすべてここに追いやられる習わしだったという。

棄てられた老人たちはそのまま死んでしまうこともできず、日中は里へおりて農作業を手伝い、わずかの糧《かて》を得ていたという。夜は掘っ立て小屋の中に身を寄せ合い、雑木林のけものの声や芒《すすき》の原を渡る風の音に耳をすませていた。そうして命がつき、みずからの魂が早池峰の山に帰る日をひたすら待ちつづけていたのだ。

村のどこかで死人が出ると、その魂は死ぬひと足先にデンデラ野を通っていくという。死ぬのが男なら、夜なかに馬のひずめの音をたて馬子唄《まごうた》などをうたいながら、またはシャランシャランと馬の鳴輪《なるわ》の音をさせて、ここを通っていく。女なら、いつもうたっていた歌を小声で口ずさんだり、すすり泣きをしながら、デンデラ野を渡っていくものだという。

佐々木氏のひい婆様が老衰で亡くなったときのことである。遺体は棺《ひつぎ》に納め、親族の者が集まってきて、その夜は一同が座敷で寝ていた。その死者の娘で、発狂したため離縁された婦人もまたその中にいた。

喪中《もちゅう》は火の気を絶やすことを忌《い》むのがこの地方の風習なので、祖母と母との二人だけは大きないろりの両側に坐《すわ》り、母は傍《そば》に炭かごを置いておりおり炭をついでいた。

ふと裏口の方から足音がしてやってくる者があるので、見ると、なんと亡くなった老女であった。生きていた時は腰が曲がっており、そのため着物のすそを引きずるので、三角に取り上げて前に縫いつけてあったが、現われた姿もまさにその通りで、縞目《しまめ》の模様にも見覚えがあった。

あれあれ、と思う間もなく、老女の姿は二人の女の坐っている炉の脇を通っていく。このとき、着物のすそが炭取りにさわったが、丸い炭取りだったので、くるくると回った。母は気丈な人だったので、振り返り、老女の姿を目で追った。親類の人たちが寝ている座敷の方へ近づいていくな、と見るうちに、かの狂女がけたたましい声で、おばあさんが来た、と叫んだ。

そのほかの人々は、この声に眠りを覚まされて、ただただ驚くばかりであったという。

（遠野物語二二）

佐々木家の東側はゆるい斜面に水田が開け、その向こうにダンノハナと呼ばれる小高い山がある。館《やかた》があった頃、囚人を斬ったところといわれ、今は村の共同墓地になっている。晩春の雑木林のあちこちに桃や山桜がうす紅《べに》色のしみのようににじんでいる。枯れ枝を杖にしてアゴをつき出した婆さんが、往来の車を無視して、山鳥みたいにトコトコ道を横切っていく。

田んぼには、畜舎から出されたばかりの堆肥《たいひ》がうず高く積まれている。ワラや牛糞《ぎゅうふん》にモミガラ、鶏糞《けいふん》もまじっている。ダンノハナに向かう畦《あぜ》道ぞいの溜池《ためいけ》には赤い金魚が遊んでいる。遠野は、今は地味の肥えた豊かな土地である。

ダンノハナの中腹に、佐々木喜善の墓がある。

喜善は、一八八六（明治十九）年、ここ土淵村の山口で生まれ、ペンネームを鏡石といい、『老媼夜譚《ろうおうやたん》』や『聴耳草紙《きくみみぞうし》』などの著作がある。少年時代から昔話に興味をもち、村の古老から話を聞いてはそれをこまめに記録する習慣があったという。

一九三三（昭和八）年九月、四十八歳で亡くなるまでに、じつに四百五十五話もの昔話を採集していたという。遠野物語は、この佐々木喜善の語った話をもとに柳田国男によって著されたものである。

ここダンノハナには、幽霊になった喜善のひい婆さんも、そしてまた彼をふところに入れ、この話をくり返し聞かせてくれた祖父母や両親も眠っているのだろう。遠野物語の一話一話は、厳しい生活の中から芽生《めば》えた話が夜ごとの炉辺《ろへん》で温め、育てられ、親から子へ、子から孫へと語りつがれてきたものなのだ。

明和の飢饉での餓死者を追悼して
自然石に彫られた五百羅漢

サムトの婆

平地の桜が盛りを迎えた頃でも、海抜千二百九十四メートルの六角牛《ろっこうし》の山頂付近から北東の斜面にかけては、まだ厚い雪でおおわれている。六角牛へ向かう中沢川沿いの林道には、猫柳が咲き、桜の蕾《つぼみ》は小さく固い。

冬眠からさめたばかりのヤマカガシが、あわてて道を横切っていく。植林まもない杉山の芒《すすき》の中に親指くらいのタラの芽が、さらし首みたいに風にゆれている。原生林にわけ入る細い道を登るにつれ、風は冷たく季節が後戻りしていく。中腹をすぎると、岩石の折重なる道の窪《くぼ》みに残雪が見られ、ウサギの糞やそれを追うけものの足跡が残されている。眼下に遠野盆地が見渡され、山あいの向こうに早池峰《はやちね》のなだらかな陵線《りょうせん》が見え、麓《ふもと》の附《つく》馬牛《もうし》の集落は白く煙《けぶ》っている。ゴォゴォ山鳴りがして風が近づき、熊笹《くまざさ》をたたいて吹き下りていく。

遠野は冬の訪れが早く、まわりを囲んだ北上《きたかみ》の山々から毎日木枯《こが》らしが吹いてくる。十一月にもなると雪がちらつき、それはやがて吹雪《ふぶき》にかわる。遠野は風の町といわれている。

たそがれ時に外に出ていた女や子どもが、ふと見えなくなってしまうことがある。これを神隠しといい、他郷でもよくあることである。

松崎村の寒戸《さむと》というところで、若い娘が梨《なし》の木の下に草履《ぞうり》を脱ぎおいたまま、ふっつりと行方《ゆくえ》を絶ってしまった。

それから三十年あまり過ぎたある日のこと。親類縁者の人びとがその家に寄り集まっているところへ、この女がひどく老いさらばえて帰ってきた。どうして帰ってきたのか、とたずねると、お前さまたちに会いたくなったので帰ってきた、ではまた行こうと、再びどこかへ姿を消してしまった。その日は風が烈《はげ》しく吹く日であった。そこで遠野郷《ごう》の人は、今でも風の騒がしい日には、きょうは寒戸の婆が帰ってきそうな日だな、というのである。

（遠野物語八）

夕日が早池峰の頂《いただき》を茜《あかね》色に染めて山の向こうに沈むと、盆地の底からうす墨《ずみ》色の闇《やみ》がのぼってくる。やがて早池峰山頂に残っていた灯もふっつり消え、先ほどまで吹いていた風もとだえる。風向きの入れかわるこの頃あい、魂が宙づりになったみたいで、なにとはなし心もとなくなるものだ。一陣の風でもくれば、魂はたちまちさらわれてしまいそうだ。

たそがれどき、この娘もふらふらと山中に迷い入ってしまったのか、あるいは山人にさらわれでもしたのであろうか。

明治の末頃、ある男が六角牛に草刈りに行って見知らぬ沢に迷い込み、そこの木の枝にたくさんの洗濯物が干してあるのを見たという。驚いて見ているところへ、大男が出て来て洗濯物を取り込み、たちまち谷の方に姿を消したという。（遠野物語拾遺一〇二）

この山中には、背丈がきわめて高く、眼の色の凄《すご》い山人が住んでいるという。

上郷《かみごう》村に美しい娘がいたが、急病で死んだ。それから三年ほど過ぎたある日、同じ村の狩人《かりゅうど》が六角牛山に入り、川内《かっち》という沢に迷い込んだ。行く手に大岩がおおいかぶさって岩窟《がんくつ》のようになった所があり、見ると岩の上にこの女がいる。

お互いたいそう驚き、どうしてお前はこんな所にいるのか、と狩人がたずねると、実は私は、死んだように見せかけられてこんな深山に連れてこられたのだ、と女は言う。夫との間に何人か子どもができたが、夫は自分に似ぬからと、みなどこかへ持ち去ってしまう。たぶん殺して食うのでしょう。恐ろしくていく度か逃げようと思ったが、心に思うだけですぐ悟られ、それを責めたてられる。私には普通の言葉で話すけれども、時どき集まってくる仲間どもとは、私にはまったくわからない言葉で話している。

こうしているうちにも、夫が帰ってくると大変だから、早くもと来た道を引き返してください。私を見たということは、村に帰っても決して言ってはいけません。もし話したら、その夜のうちにもお前さまの命と私の命はなくなるでしょう——と言った。この話は、その狩人が年老いて死ぬまぎわに話したということであった。（佐々木喜善『東奥異聞』）

六角牛の山頂からは、東方に大峰山、雄岳《おだけ》、雌岳《めだけ》と続き、南方にも果てしなく山脈《やまなみ》がつらなり、遠く五葉山《ごようざん》が鯨《くじら》のように横たわっている。ここには山人が多くすみ、時として里に下り、若い女や子どもをさらっていったという。

松崎の飢饉の碑
（宝暦５〔1755〕年遠野領最大の飢饉で餓死した人々の供養塔）

狐

私は北上《きたかみ》山地の南端にある村で生まれ育ったが、子どもの頃にはまだ狐がいた。鶏小屋のめぐりの土を掘っては侵入し、ニワトリを盗んでいったし、ウサギもよくやられた。猫いらずを食べたネズミにでもあたったのか、溜池《ためいけ》に首を突っ込んで死んでいる狐もいた。夜には裏山でケェンケェーンと尻上がりのかん高い声で狐が鳴いていた。

村の子がさらわれ、山狩りをしたことがあった。子どもをわらで編んだエンツコに入れて家に残し、ちょっと家をあけた留守に、狐に引かれていったものらしい。エンツコのまわりには狐の足跡があったという。この一家は空襲で家を焼かれて疎開《そかい》してきた人たちで、親類の納屋《なや》に住んでいたが、家の裏はすぐ杉山でそのまま北上山地に連なっていた。村の人は総出で捜索にあたった。

ホーイ、ホーイと叫ぶ声が夜どおし聞こえ、暗い森に見えかくれするちょうちんの灯が狐火のように見えたものだという。

稲刈りあとの、朝晩めっきり冷えこむ頃で、みなあせっていたが、翌々日だったかに村にほど近い雑木林でぶじ発見された。頬《ほお》に狐の爪あとらしいひっかき傷があるほかは、さしたる怪我もなかったという。発見当時、彼らがいた雑木林の窪地《くぼち》にはまだ狐のぬくもりが残っていて、傍《そば》にアケビのからがたくさんあったという。

狐はちゃんとまんま食わせてくれたか？　と聞くと、うんうんと大きくうなずいたという。この子はフミオくんといって、私より一つ年下で、この山狩りの話は幼い頃よく寝物語に聞かされたものだった。村の鉄砲うちが時たま狐を仕止めてきたが、うすくあけた切れ長の目を見ていると、やりかねない、と子ども心に思ったものであった。

船越《ふなこし》村に住む漁師が、仲間といっしょに吉里吉里《きりきり》から帰る途中、夜ふけてから四十八坂にさしかかった。小川の流れているところで、ひょっこり一人の女と出逢った。見ると、自分の妻であった。しかし、妻がこの夜なかに一人でこんなところに来るはずがない。きっと化け物だろうと思い、いきなり魚切り庖丁《ぼうちょう》で女の背後から突き刺した。女は悲しい声をあげて倒れ、そのまま息絶えた。

しばらく見守っていたが、女の姿はそのままである。さすがに心配になり、あとを仲間の者に頼んで自分は飛ぶように駆けて家に戻った。妻はいつものように家で待っていた。そしていま、恐ろしい夢を見たという。夢の中で、夫の帰りがあまりに遅いので途中まで迎えに出かけたところ、山道で何とも知れない者におびやかされて、殺される、と思ったとたん目がさめたというのである。

さてはと思い、再びもとの場所に引き返してみると、はたしてそこには一匹の狐が横たわっていた。先ほど殺した女は、連れの者が見守るうちにしだいに姿を変え、とうとう狐になったということであった。夢で野山をさまようときは、このけものの体を借りることがあるとみえる。

（遠野物語一〇〇）

野ウサギなどを追って夢中で夜の山を駆けていたであろう狐は、ふうわりと飛んできた女の魂に突然その身を乗っ取られたのだ。狐の手足は、この時から女の夢のままに動かされてしまう。狐の眼球を通して見る世界は、多少ゆがんでいるのだろうか、四十八坂で出会ってから刺されるまで、夫とはついに気付かなかったらしい。

これとは逆に、狐が人の体をあやつる話もある。

ある旅人が、夜もふけ疲れたので知り合いの家を訪ねた。ちょうどその家では死人が出たところだったが、人を呼びに行くにも留守番がおらず主人は困っているところだった。旅人はやむなく、いろりのそばで煙草をふかしながら死人のお守《も》りをすることになった。死人は老婆で、奥の方に寝せてあったが、ふと見ると、床の上にむくむくと起き上がる。その人は肝《きも》がつぶれるほど驚いたが、気をしずめ、静かにあたりを見まわした。すると、

狐

流し元の水口の穴から、狐が顔をさし入れ、じっと死人の方を見つめていたという……。

（遠野物語　〇一）

魂が去った老婆の体に、狐が長い顔をつき出して無心になにかを注《つ》ぎ込んでいる。崩壊しかかった老婆の肉体は、再び秩序を取り戻し、狐の意のままにムクムク活動しはじめる。魂は、夢のかたまりみたいなものなのだろうか。

早池峰の古道跡

白望山《しろみやま》

四月の二十日すぎ、白望山（現在は白見山と表記される）に向かうと、土淵《つちぶち》を通り川井へ通じる国道から、田畑に堆肥《たいひ》を施《ほどこ》す姿が見かけられる。これから農作業は日ましに忙しくなるのだろう。一ノ渡《わたし》から太平洋側の大槌《おおつち》へぬけるじゃり道に入る。

琴畑《ことばた》は深山《しんざん》の沢にあり、家の数は五軒ばかりと遠野物語にある琴畑の集落は、今も昔のままだ。車の輪だちの跡の水たまりにヒキガエルが数珠《じゅず》状の卵を産みつけ、その中で数匹が枯れ葉色のからだを重ねて交尾している。琴畑川に沿って谷あいの道を登っていくと、急に平地が開け、このあたりが長者屋敷といわれるところだ。このあたりの山のどこかに五つ葉のウツギがあって、その下に黄金が埋められているという言い伝えがあった。さらに進むと、広い湿地帯になる。今は牧場になっているが、昔は茅《かや》などが生《お》い茂《しげ》っていたのだろう。

樺坂峠《かばさか》には残雪があり、大槌へ下る道はまだ雪で閉ざされている。

白望山の南の麓《ふもと》に拓《ひら》かれた海抜八百六十八メートルの牧場からは、幾重にも連なった山の向こうに、この山と峰つづきの六角牛山《ろっこうし》が青く霞《かす》んで見える。吹きっさらしのダケカンバの樹が、峠を行き交う風に根こそぎ吹き倒されている。

熊笹《くまざさ》を分けて雑木林を登ってみる。落ち葉の中に一輪草が咲き、カタクリが二つの葉を大きく広げ赤紫色の花をつけている。雑木が葉をつけるまでのつかの間、金色の光を精いっぱい集め、土中深く養分を貯《たくわ》えているのだ。そしていつの間にか葉を枯らし、自分の所在をかき消してしまう。

裸の木々の梢《こずえ》にやどり木が海藻《かいそう》のようにまといつき、その上をザザーと山風が渡っていく。


白望の山に入って泊まると、深夜にあたりが薄明るくなることがある。秋の頃、キノコ採《と》りにいってこの山中に泊まる者が、よくこの不思議に会っている。

また谷の向こうあたりで大木を切り倒す音、あるいはどこからともなく歌声が聞こえてくることもある。

この山の大きさ、深さは計り知れない。

五月に茅を刈りに行ったときなど、遠くを望むと桐の花が咲き満ちた山が見える。まるで紫の雲がたなびいているようだ。しかし人は、どうしてもその場所に近づくことができない。

いつだったか、キノコ採りに入った者があって、白望の山奥で思いがけず金の樋《とい》と金のひしゃくを見つけた。持ち帰ろうとしたがめっぽう重く、鎌で片端を削り取ろうとしたが、とても固くて歯がたたなかった。

また来ようと思って傍《かたわら》の木の皮をはいで白い目印にしておき、次の日、人々といっしょに行ってこれを探したが、とうとうその目印の木のありかを見つけ出すことができなかった。

（遠野物語三三）

行けども人は決して近づくことができない紫の花が咲き乱れているあたりは、マヨイガといわれる不思議の館《やかた》でもあるのだろうか。

栃内《とちない》村のある家の婿《むこ》が白望山の麓《ふもと》の金沢《かねさわ》村の実家に帰ろうとして山道に迷い、このマヨイガに行きあたったことがあった。

大きな門があり、庭には紅白の花が咲き乱れ、鶏や牛馬もたくさんいる。ところがいっこうに人のいる気配がない。玄関を入ると、お椀《わん》やお膳《ぜん》が出してある部屋があり、座敷には鉄びんのお湯が煮えたぎっている。男は急に気味悪くなり、大急ぎでさっき来た道を引き返した。

ところが昔から、マヨイガからお椀の一つも持ち帰った者は金持ちになるといわれており、その人に幸運を授《さず》けようと、そのような館を見せるものだといわれている。
この話を聞いた栃内村の人たちはさっそく婿殿を案内にたて、大勢で山にのり込んだが、館があったという場所には何もなく、鶏も庭も消え失せていたという。

（遠野物語六四）

白望山は金沢村、長者森《ちようじやもり》、恩徳《おんとく》などの金山《きんざん》に囲まれており、麓の村には金の鶏などの話がある館跡も多い。
深夜、あたりが、ぼう、と明るくなるのは、土中の黄金の輝きなのか、それともマヨイガが出現する予兆なのだろうか。

駒形神社の奉納絵馬

笛《ふえ》吹《ふき》峠《とうげ》

遠野から海岸の田の浜や吉里吉里《きりきり》へ行くのに、笛吹峠を越える道がある。河内川の渓谷《けいこく》に沿った急勾配《きゆうこうばい》の街道を、かつては駄賃づけの馬があえぎあえぎ登っていった。熊や狼よけの鈴をガランガラン鳴らし、夜はたいまつをかざして峠を越えた。街道をおおう原生林には猿が多く住み、人や馬を見ては木の実を投げつけたり、枝をゆすったりして馬をおびえさせたという。道に張り出した木々の枝を、何百という猿の群れが木の葉を降らせて渡っていくこともあった。

原生林を割って開かれた街道は、けもの道のように細く淋《さび》しい道であった。

和野の人で菊地菊蔵という人がいた、この人の妻は笛吹峠の向こうの橋野という所から嫁に来ていた。あるとき妻が実家に帰っている留守に、糸蔵という五、六歳になる息子が急病になった。菊蔵は昼すぎから笛吹峠を越えて妻を呼びに橋野へ急いだ。なにしろあの名うての六角牛《ろつこうし》山の峰つづきである。山道には樹木がおおいかぶさり、とくに遠野から栗橋村へ下るあたりは、道の両側に高い崖《がけ》がそそり立ち、道はあたかも洞穴を通るようであった。

午後の日はこの崖にさえぎられて、あたりはいよいよ薄暗くなっていく。ふいに、後ろの方から「菊蔵！」と呼ぶ声がする。

振り仰ぐと、高い崖の上から下をのぞいている者があった。その顔は赤く、眼の光はぎらぎらと輝いていた。そして、おまえの子はもう死んでいるぞ、という。この言葉を聞くや、恐ろしさよりも先にハッと胸をつかれたが、その瞬間、もうその姿は消えていた。菊蔵は妻の実家へ急ぎ、その夜のうちに妻と共に家に帰った。だが、やはりその子は死んでいた。四、五年前の話である。

（遠野物語九三）

菊蔵の妻の実家がある橋野村の上には金鉱があり、この鉱山のために炭を焼いて暮らしている人たちがいた。このあたりの原生林には何百年という年輪を刻んだひと抱えもあるナラの木が多く、一本切ると、ゆうに一窯《ひとかま》の炭が焼けたものだという。

この炭焼きの人たちの中に笛の上手な男がいて、ある日、小屋の中で仰向けになって笛を吹いていた。と、小屋の入口にかけてあるむしろをかかげてのぞきこむ者がある。驚いて見ると、猿の経立《ふったち》であった。

恐ろしくて思わず起き直ったら、猿はおもむろに立ち去っていったという。

猿や猫や狼などは、齢《とし》を重ねるとある種の霊力が備わるようになり、二本足で歩いたり、時には人語を話したりするようになるという。年を経て妖怪じみた動物を、経立というらしい。

（遠野物語四四）

猿の経立はよく人に似て、女色を好み、里の女を盗み去ることが多い。松脂《まつやに》を毛に塗り、その上に砂をつけているので、毛皮は鎧《よろい》のように固く、鉄砲の弾も通さない。

（遠野物語四五）

笛吹峠にはこのような猿の経立や山男などがおりおり出没するので、みな恐ろしがり、境木峠《さかいぎとうげ》を越えて海岸へぬける大槌《おおつち》街道が開かれてからは、この街道はしだいにさびれていったという。

笛吹峠、境木峠、仙人峠、などの街道すじにはたえず事件があり、駄賃づけは荷物といっしょに外界から珍しい話を運んできた。四方の峠から流れ込んださまざまな話のたねは、遠野盆地の底に沈み、雪でおおわれた長い冬の炉端《ろばた》で花開くのだ。

大人たちは気の合う仲間どうし寄り集まり、わら仕事をしたり、麻糸のつむぎ車をまわしたりしながら、昔語りをしたのだ。

むかし青笹村に一人の少年があって、継子《まゝこ》であった。母親は馬放しにその子を山にやって、四方から火をつけて焼き殺してしまった。その子は常に笛を愛していたが、この火の中で笛を吹きつつ死んだところが、今の笛吹峠であるという。

（遠野物語拾遺二）

いろりに生木《なまき》をつぎたす。ブスブスと煙をあげ、やがて音をたてて燃えはじめる。凍りついた竹に火がつき、ブクブク泡をふき出しながら、ピ――――とわびしげな音をたてる。

エンツコ（嬰児籠《えじこ》）と、かがし

あとがき

遠野の里は北上《きたかみ》山地の主峰早池峰《はやちね》山の南麓《なんろく》に開けた盆地である。周囲の山々に棲《す》む天狗《てんぐ》や山人や狼、里に出没する狐や河童《かっぱ》、曲がり家の暗がりに潜《ひそ》む精霊など、柳田国男の『遠野物語』には遠野の人びとによって語り継がれてきたさまざまな話が収められている。

一九一〇（明治四十三）年に出版された『遠野物語』は百十九項目の話から成り、序文は次のように始まっている。

「この話はすべて遠野の人佐々木鏡石（喜善）君より聞きたり。昨明治四十二年二月頃より始めて夜分おりおり訪ね来たり、この話をせられしを筆記せしなり。鏡石君は話上手にはあらざれども誠実なる人なり。自分もまた一字一句をも加減せず感じたるままを書きたり。……」

柳田国男と佐々木喜善の出会いから生まれた『遠野物語』は、遠野に生きた人びとの魂の記録として日本民俗学の記念碑といわれている。

『遠野物語拾遺』は『遠野物語』が世に出た後、佐々木喜善によって新たに収集されたもので、伝説や年中行事など二百九十九項目の話で構成されている。

一九八一年の正月あけ、高文研の金子さとみさんから、月刊誌『考える高校生』（一九九一年『ジュ・パンス』と改題、二〇〇六年終刊）に、「遠野物語」の中から毎月一話ずつ選んで一年間連載しようと思うのだけれど、さし絵をやってもらえないか、という電話をいただいた。

『遠野物語』の一つ一つの話は、多くはわずか十行たらずの簡潔な文章に凝縮されており、読み手が思い思いの想像力を働かせる余白が残されている。絵をつけることによって読者のイメージを妨げることになるけれども、一つの読み方として、私の体験を通して読んだ、私なりの「遠野物語」を描いてくれればよい、というお話であった。

四月号から「日本の遠いふるさと」というタイトルで「遠野物語」の連載がはじまり、六月半ば、私ははじめて遠野を訪れた。

田植えがすんで苗が根づいたばかりの広大な田園地帯は青空を写して、遠野郷が大昔いちめんの湖水だった頃をしのばせてくれる。街なかを流れる川はきれいに澄んでおり、草木の緑は雨あがりの後のようにみずみずしかった。

茅《かや》ぶき屋根には雑草が生《お》い茂《しげ》り、ビニールシートで雨もりを防いでいるところもあり、保存に苦労しているようであった。猿《さる》ヶ石《がいし》川では投網《とあみ》で瀬雑魚《せざっこ》を捕る姿が見られ、高原では牛の群れが草を食《は》んでいる。この川のはるか下流に私の郷里があり、目の前の風景は私が子ども時代をすごした一九五〇年代の農村を思い出させた。

岩手県の多くを占める北上山地は、宮城県に入ると急に狭まり、ポトリ、ポトリと山塊を落として、牡鹿《おしか》半島で海中に没している。この北上山地の足跡の一つ、桃生《ものう》郡河北町（現、石巻市）という所で私は生まれ育った。

薬師岳の麓に源を発する猿ヶ石川は、遠野盆地を流れ出て花巻で北上川に合流する。山地の西側を流れる北上川は、この町で大きく湾曲し、新北上川となって太平洋の追波《おっぱ》湾に注《そそ》いでいる。私は遠くの街にある高校に通いはじめるまでは、あまり村を出ることもなく、足裏に住みついた水虫みたいに季節の移ろいと共にうごめいていた。猫のひたいほどの平野と低い山、遠野を盆栽にしたような村での生活が、遠野物語を描く時のイメージの源になっている。

春、北上川の猫柳が厚い包《ほう》を脱ぎ、絹の筆をのぞかせると、やがて野山は緑にぬりかえられていく。山焼きのあとの草刈り山に山菜が萌《も》え出ると、村の人びとは毎朝、山に登り、カマスいっぱいにワラビやゼンマイを採ってくる。これらはゆでてアク抜きをして、ワラで束ねて女たちが街に売りにいった。この頃は、誰の手も山菜のアクでまっ黒になっていた。

牛や馬は暗い小屋から出され、北上川の堤防や禿山《はげ》に放たれる。学校から帰ると私は、『冒険王』や『漫画王』『おもしろブック』などの漫画雑誌を抱えて牛のお供をする。草が枯れる晩秋まで、牛追いは私の主な仕事で、小学校四、五年の頃から中学を終えるまで続けていた。鼻輪に麻縄をつけて、日がな畦《あぜ》道や堤防や野山を連れ歩き、夕方、牛のみぞおちあたりの窪《くぼ》みが平らになるくらいに満腹させると、家に連れ帰るのだ。

牛は発情期になるとちょっとの刺激で興奮し、山を越えて隣村まで暴走することもあったが、この牛追いはわりと私の性《しょう》に合った仕事であった。牛を追いながらアレコレ話を考え、家では雑誌形態の本を何冊か作っていた。

「森の王者」とかいう長編漫画をはじめ、四コマ、一コマ漫画、怪奇小説やコントの類まであり、ジャンルごとにペンネームを変える凝りようであった。

夜ふけに女が訪ねてくる。顔だちがけものじみてしぐさもおかしい。てっきり狐だろうと思い、傍《かたわ》らにあったナタでいきなり斬りつける。女はギャンといって天井までとび上がり、梁《はり》にひっかかったまま息絶える。赤い血がぽたぽた落ちて足もとにまるく広がっていくが、女はいつまでたっても正体を現わさない。男はしだいに後悔しはじめ、朝までまんじりともせなんだ。ところが天窓から朝日が射し込むと、女はだんだん狐の姿に変わっていく――といった「遠野物語」にありそうな話もいくつかあった。思えばこの頃が、漫画家として最もノッていたし、〝売れっ子〟でもあった。

村の広場にトーバサンと呼んでいた大きな石塔が三つ並び、大きな桜の木があった。シーズンになると、この桜の木の下で、馬喰《ばくろう》は馬の種つけに精を出す。つむじ風が舞いきて二頭の馬の汗の跡に桜の花びらを残していった。

菜の花が終わり、こがね色に麦が熟《う》れると夏。北上川の水門があけられ用水路に水が溢《あふ》れていく。田に水が張られると、桑の実で歯を紫色に染めた子どもらも代掻《しろか》きに駆り出され牛馬の鼻取りをする。

重い馬鋤《ばすき》を引いた牛の鼻輪に竹桿《たけざお》をつけ、土がトロトロにこなれるまで泥田の中を引き回すのだ。鼻輪に血がにじみ、ビロードの背にムチの跡が刻まれる。

田植が済み、三回めの田草《たのくさ》取りを終える頃、日が暮れると青々と勢いづいた稲の葉裏に螢が明滅するようになる。

盆が近づくと大人も子どもも夜明け前に山に登り、朝靄《もや》の中でききょうやおみなえしを摘《つ》む。片手で持ち切れなくなると、日よけのために萩の葉でくるんでしばる。うす紫のききょうの蕾《つぼみ》があぶくのように寄り集まり、その中にはじけたように紫の花がちらばる。ときどき花がしおれないように泉の水を口に含んで霧をふきかけてやり、持ってきたにぎりめしを食べ、朝食をすませる。朝靄につつまれた山のあちこちで、花摘みの集団の笑いさざめく声が聞こえてくる。一抱《ひとかか》えほどになると、赤ん坊を背負うように縄で背中にくくりつけ、朝露でぬれたズボンに草のタネや花粉をいっぱいつけて山を下りるのであった。花は沢の流れに浸《ひた》しておき、数日分たまると、ききょう、おみなえし、みそ萩、ススキなどをとり合わせて束ねる。私の姉は暗いうちにリヤカーを引いて石巻あたりに売りにいったが、私はボディーガードをかねて途中まで後押ししていった。

家では、私が五歳になる頃には両親とも亡くなっていたので、大正生まれの姉が家を継ぎ、私はこの姉夫婦に育てられた。春は山菜を、冬は苗代《なわしろ》に植えた芹《せり》をかついで、姉は農閑期にはよく行商に歩き、私も自転車で荷物を運んだり、リヤカーを押したりしてついていったものだった。

秋。うら山でカナカナが坊さんのように合掌《がっしょう》し、麦わらを焚《た》いて魂《たま》送りを済ませると、北上川を鮭の群れがさかのぼり、森には木の実が熟れる。嵐のあと雑木林に入ると、南京《なんきん》袋いっぱいに栗が拾えた。これらはゆでてから針で糸を通し、いくつもの数珠《じゅず》にされて、冬の子どもたちのおやつに保存された。

稲刈りが済み、草刈り山の山ぐみが赤く熟れると、村の男たちは総出で山に登り、冬場の牛馬の飼料を刈る。農作業が一段落すると、青年団による慰安会が催された。出し物のほとんどは歌謡舞踊とでもいうべきもので、当時流行していた「勘太郎月夜唄」

なら、股旅姿《またたび》で登場し、

影かやなぎか　勘太郎さんか
伊那《いな》は七谷《ななたに》　糸ひくけむり……

といったぐあいに、やくざに身をやつし故郷に帰ってきた勘太郎サンの屈折した心境を、メロディーに合わせ踊り上げるのであった。

リハーサルは農家の納屋を借り切って連夜行なわれ、赤ん坊を連れて里帰り中のかつての青年団ＯＢも顔を出し、メーキャップや振り付けをあれこれアドバイスしていた。農家の庭にやぐらが組まれ、紅白の幕をめぐらした舞台の回りには、ポマードでキメた近在の若い衆が群がり、浅草の木馬館さながらの華やかな雰囲気であった。

そして冬。子どもはそり遊びをしたり、下駄《げた》スケートに興じ、針金や馬のしっぽで作った罠《わな》を野山に仕掛け、ウサギや小鳥を捕えたりした。大人はわら仕事や山仕事に精を出し、子どもたちも炭焼きや材木の伐《き》り出しを手伝わされることもあった。

盆や正月の夜には、子どもはもちろん二十歳前後の青年団の男女や結婚したての若ダンナも加わって、かくれんぼをした。隠れ家ごっこがなまったのだろうか、私らはカクレゲッコといっていた。

雪明かりの中をかくれんぼ要員が二十人くらい集まると、それを二つか三つの集団に分け、ジャンケンで鬼の集団を決める。鬼の集団は適当にどこかで時間をつぶし、その間に他の集団はめいめいひとかたまりになって橋の下や馬小屋などに身を潜めるのだ。一人でも見つかると、こんどはその集団が鬼になるので、みな必死であった。時には娘たちの重い尻を押し上げ、全員が杉の木などによじ登り、鬼どもをやり過ごすこともあった。かくれんぼはたいてい五ラウンドくらいでお開きになるが、時には明け方まで続くことがあった。

このあたりの冬の降雪はそう多くなく、雪深い東北各地に残る冬の行事もだいぶ簡略化されているようだ。小正月には柿の木責めや鳥追いなどもやるのだが、鳥追い唄はとうに忘れ去られ、竹ざおの先に御幣《ごへい》をくくりつけたのを庭先に立て、ホーイホーイと叫びながら揺り動かすだけであった。しかも鳥追いとは言わず、烏（カラス）追いといっていた。どこか一本、間がぬけているのである。

遠野には季節ごとに、つごう四度訪れたが、平野は広大で、山はあくまで深い。内陸性気候のため四季の移りかわりはダイナミックで、季節の色あいは鮮やかである。

猿ヶ石川に沿った谷あいの道をさかのぼっていくと、つきあたりに附馬牛《つくもうし》村の早池峰神社がある。後ろには、標高千九百十四メートルの早池峰山が屏風《びょうぶ》をまわしたようにそびえている。

神社を守る山門の仁王像は土淵《つちぶち》の常堅寺《じょうがんじ》に移され、今はここを訪れる人もない。拝殿の壁土や腰板ははがれ落ち、柱だけが残って、その上に朽《く》ちた茅ぶき屋根が堆肥《たいひ》のように積まれている。屋根には樹木が根を下ろし、長い歴史を耐えてきた社《やしろ》も、いま土に還《かえ》ろうとしている。

早池峰神社は八〇六（大同元）年に建立《こんりゅう》されたといわれ、以来、早池峰山を信仰する人びとの魂のよりどころとして栄えてきた。この建物は厳しい自然を生きてきた人びとの心の支えであり、夢のかたちであったのだろう。

その昔、ここに詣《もう》でた男や女の魂はらせんのようにからみ合いながらたくさんの肉体を渡って、いま私の中に灯《とも》っている。

「遠野物語」には、人間の心の闇やけものや精霊や山人のひそむ闇《やみ》がある。しかしそれは、さまざまな形の命がうごめく、恐ろしくもどこか親しい闇の世界である。

この本は、大和書房版柳田国男『遠野物語』を参考にしました。なお『絵本・遠野物語』として本にするにあたり、新たに私の拙《つたな》い文章を添えることになりましたが、内藤正敏『聞き書き遠野物語』、吉田政吉『新遠野物語』、山田野理夫編『佐々木喜善の昔話』、菊地幹『遠野路』など多くの先人の著書のお世話になりました。

最後に、「遠野物語」という巨大な山の前に立ちすくみ、何度も仕事を放り出したが、そのつど有益な示唆《しさ》を与え、励ましてくださった梅田正己さんをはじめ高文研の皆様に感謝いたします。

一九八三年　仲秋

勝又　進

勝又　進（かつまた・すすむ）

1943年、宮城県桃生郡河北町（現、石巻市）に生まれる。古川工業高校卒後、会社勤めをへて東京教育大学理学部物理学科に入学、大学院へ進み、原子核物理学を専攻。

1966年、漫画家として、白土三平、水木しげる、つげ義春らの活躍していた『ガロ』でデビュー。1969年、『ガロ・勝又進特集号』で最初の短編作品「河童郎」を発表、以後四コマ漫画とあわせ短編の分野で独自の作品世界をつくりだす。2006年、『赤い雪』で日本漫画家協会賞大賞受賞。2007年没。

著書に、『わら草紙』『勝又進短編集』（以上、青林堂）、『桑いちご』（日本文芸社）、『赤い雪』（青林工藝舎、2008年にフランス、09年にカナダで翻訳出版）、『木菟巷談』（風門社）、『まんが狭山事件』（七つ森書館）、『原発はなぜこわいか・増補版』『脱原発のエネルギー計画』（以上、高文研、イラスト）、『劇画・日本国憲法の誕生』（高文研）がある。

《新装版》**絵本・遠野物語**

●2010年 9 月15日――――――――――第 1 刷発行

著　　者／勝又　進

発 行 所／株式会社 高 文 研

東京都千代田区猿楽町２－１－８（〒101-0064）

☎03-3295-3415　振替口座／00160-6-18956

ホームページ　http://www.koubunken.co.jp

組版／株式会社Web D（ウェブ・ディー）

印刷・製本／三省堂印刷株式会社

ISBN978-4-87498-448-2　C0039